중용

동양 고전
원문 읽기
시리즈 ❸

자사 원전
윤지산 옮김

지식
여행

서문

연비어천(鳶飛於天), 어약우연(魚躍于淵)
-『중용』

고귀한 모든 것은 그것이 희소한 만큼 얻기 힘들다.

-스피노자,『에티카』, 5부.

　『중용』은 한나라 이전 문헌 중에서 결이 조금 다르다. 춘추전국시대에 인문학이 꽃핀 것은 주나라가 종교성 짙은 은나라 문화를 걷어 낸 덕분이었다. 이를 '종교의 인문화', '우환의식', '인문 정신'이라고 학자마다 달리 부르는데, 인간의 길흉화복(吉凶禍福)을 하늘[天]에 기대지 않고 인간 자신에게 책임을 묻는 것이 골자이다. 『논어』와 『맹자』에 '세상을 주관하는 하늘'이 여전히 등장하지만, 종교적 권능을 부여하고 맹신하지는 않는다. 하늘을 절대적 자리에서 완전히 밀어낸 것은 『순자』에 와서이다. 순자는 하늘을 인격신이 아닌 철저히 물리적 자연으로 인식한다(졸역, 『순자 교양 강의』를 참고하시면 좋겠다). 『도덕경』을 위시한 도가 계열도 이와 비슷한 경로를 걷는다. 그런데 『중용』은 사뭇 다르다. 유명한 첫 구절을 보자.

"천명지위성(天命之謂性)"

시대적 유행을 역행하면서 『중용』의 저자는 인간의 존재 근거를 하늘에서 찾는다. 이런 형태의 사유에서 『중용』의 성립 연대와 저자에 대한 실마리를 찾을 수 있지 않을까? 잘 알려져 있듯이 현재 우리가 보는 『중용』은 원래 『예기(禮記)』 31장(章)이었는데, 송나라 주희(朱熹)가 독립시킨 것이다. 이때 주희는 『예기』의 또 하나의 장인 『대학』도 단행본으로 분리한다. 성경의 『마가복음』을 한 책으로 만들었다고 생각하시면 쉽다. 이렇게 해서 소위 사서(四書) 즉 『논어』, 『맹자』, 『대학』, 『중용』이 탄생한다. 정부가 사서를 국가 공무원 시험 교재로 채택하자 맹위를 떨쳤다는 것은 필자가 다른 글에서 지적한 바 있다(졸역, 『논어』 서문).

『예기』가 정확히 언제 편집되었는지 확정할 수 없으므로 『중용』의 성립 시기도 단정할 수 있는 근거는 없다. 또 『중용』이 단행본이었는데, 『예기』로 편입되었다 다시 『중용』으로 출판되었는지,

아니면 『예기』 편집자가 처음 『중용』을 편찬했는지 지금까지 자료로는 명확하게 규명할 수 없다.

중국 최초의 도서 목록인 『한서(漢書)』, 「예문지(藝文志)」에서 "예십삼가(禮十三家)"로 『중용설(中庸說)』과 『자사(子思)』를, 『수서(隋書)』, 「경적지(經籍志)」에는 "유오십삼가(儒五十三家)"로 『자사자(子思子)』를 언급하고 있다. 이 책들 모두 실전(失傳)이라 현본 『중용』과 같은 책인지 확인할 방법이 없다. 하지만 여기에 중요한 단서가 숨어 있다. 『중용』과 『자사』는 밀접한 관련이 있기 때문이다. 『도덕경』과 『논어』를 제외하고 제자백가(諸子百家) 문헌은 대개 그 학파 수장의 이름을 따 서명을 짓는다. 『자사』도 그런 한 예이다.

공자 아들은 리(鯉)이고, 리의 아들이 자사로 자사는 공자의 손자이다. 『논어』가 그렇듯, 자사 학파가 『자사』를 편찬했을 것이다. 이 『자사』가 현행 『중용』의 원형이라고 주장하는 이들도 있다. 따라서 자사와 자사 제자들이 지금 『중용』을 편찬했다는 결론이 따라 나온다. 사마천은 『사기』, 「공자세가(孔子世家)」에서 '자사작중용(子思作中庸)'이라고 했고, 이고(李翶)는 「복성서(復性書)」에서, 주희는 「중용장구서」에서 같은 주장을 했다. 반면 최술(崔述), 풍우란(馮友蘭,), 서복관(徐復觀), 노사광(勞思光) 등은 '비자사소작(非子思所作)'이라고 했다.

저자가 왜 중요한가 하면 텍스트 성립 시기에 따라 '천(天)'의 의미를 달리 해석해야 하기 때문이다. 만약 자사가 저자라면, 자사는 공자와 맹자 사이 인물이므로 '천'은 앞서 말한 '인문화' 과

정에서 해석해야 한다. 한편 『중용』이 『장자』와 성립 연대가 비슷하다면, 즉 유가가 인식론과 존재론으로 무장한 장자 학파의 거센 도전을 받았다면 '천'을 가치론적 자연주의(axiological naturalism) 시각에서 독해해야 한다.

전자는 하늘의 권능보다 인간의 주체성을 강조하고, 후자는 주희의 "성즉리(性卽理)"처럼 우주를 통섭하는 원리로 하늘의 주재성(主宰性)에 중점을 둔다. 주희 주석이 주류였던 조선에서 당연히 후자를 받아들였다. 우리가 기독교를 큰 거부감 없이 받아들일 수 있었던 것은 이런 사상적 배경이 있어서이다. 주희의 '리(理)'에 인격을 부여하면 기독교의 하나님과 차이가 없다. 리의 존재론적 위상이 그렇다는 뜻이지 하나님과 동격이라는 뜻이 아니므로 오해가 없으시길 바란다.

사상적 흐름(flux)과 관계없이 묘한 성스러움이 『중용』에 감도는 것은 사실이다. 이 형언하기 어려운 떨림은 『중용』을 반복해서 읽으면 더 또렷이 다가온다. 미력한 필설로 굳이 표현하자면 '하늘이 주신 내 존재의 고귀함'을 일깨우는 경건함이라고 할까? 아니면 '솔개가 하늘을 가르고, 잉어가 연못에서 튀어 오르는 찰나' 같은 생명의 약동(élan vitlal)이라고 할까? 이 신령스러움을 『중용』에선 '성(誠)'이라고 부른다.

춘추 전국 시대는 '인성론'을 다룬 '성(性)'에 관한 담론이 성행했다. 맹자의 성선설(性善說), 순자의 성악설(性惡說, '악(惡)'을 '오'라 읽어야 한다는 주장도 있다) 같은 논쟁이 그 대표적인 사례이다. 하지만 '진실하고 성실한 것이 하늘의 길이라면 그렇게 되려 노력하는 것이 사람이 가야 할 길(誠者, 天之道也. 誠之者. 人之道也)'이라고 선언했듯이 '성(誠)'이라는 개념으로 우주와 인간을 설명한다. 이를 한마디로 요약하면, '불성무물(不誠無物)' 즉 '성하지 않으면 존재 자체가 성립하지 않는다'는 것이다. 이런 파격적(?) 선언은 『중용』에서만 등장한다. 하늘을 포함한 만물의 본질은 '성(誠)'이므로, 인간의 본질 또한 '성'이다. 이제 인간은 '성'을 매개로 하늘과 하나 되는 길이 열린다[天人合一]. 그래서 『중용』에서 말한다. "천지의 화육/생성을 도울 수 있어, 하늘과 땅과 나란히 서게 된다(可以 贊天地之化育, 則可以與天地參)."

제자백가 중에서 '인간의 위상'을 이렇게 높게 설정한 텍스트는 없다. 이 점이 『중용』의 특이성이라면 특이성이다. 이 도저(到底)한 사유는 도무지 헤아릴 길 없다. 인문화의 절정인가? 아니면 새로운 신학(神學)의 탄생인가? 어떻게 읽느냐에 따라 『중용』의 저자가 자사인지 아닌지 판단할 수 있을 것 같다. 공자, 증자, 자사, 맹자로 이어지는 흐름의 연속인지 아니면, 『장자』 편집 이후 위기를 느낀 유가가 새로운 텍스트를 창조했는지 판가름 난다. 현재로선 더 확실한 증거가 나올 때까지 유보할 수밖에 없다. 『성자명출(性自命出)』 같은 출토 문헌 덕분에 현재 『중용』이 자사가 지었다는 주장이 힘을 얻고 있지만, 아직도 확정 단계는 아니고 그역시 가정일 뿐이다.

이 위대한 텍스트의 진가를 발견한 이는 역시 주희이다. 아니주희가 이 텍스트에 위대성을 부여했을 수도 있다. 장횡거(張橫渠), 정이천(程伊川) 같은 북송 오자(五子)의 선구적 업적을 계승해서, 성리학을 집대성한 것은 주희이다. 세부적으로 파고들면 차이가 있겠지만 성리학과 『중용』의 기본 골격은 같다. '천명지위성(天命之謂性)'에 주석을 달면서 주희는 곧바로 '성즉리(性卽理)'라고 달지 않았던가! 다른 게 있다면, 하늘은 '명령'을 하지만, 리는 그런 운동을 하지 않는다는 것이다. -주지하다시피, 이 '리(理)'의 운동 여부를 두고 격렬한 논쟁을 벌였던 곳은 조선이다. 주희가 리의 운동에 대해서 명확하게 정의하지 않아 이 문제가 발생했지만, 기축대오(己丑大悟) 이후 공부를 마음이 발하기 전 상태에 치중하는 것을 보면 주희는 리발(理發)보다 기발(氣發)로 기운 것 같다.-

　본체와 현상을 모두 일시적 가합(假合)으로 보는 불교를 따르면 현실 윤리의 근거를 세울 수 없다. 모든 것이 공(空)이라면 윤리를 지탱할 토대가 사라진다. 수당(隋唐)의 몰락을 불교 탓으로 여겼던 주희는 공(空)이 아닌 실유(實有)가 필요했다. 인간이 윤리적으로 살아야만 하는 당위와 근거를 『중용』에서는 '천(天)'에서 찾는다. 하늘만큼 명백한 실존 혹은 현존은 어디 있는가? 주희가 『중용』을 발견하고 느꼈을 기쁨이 상상이 간다. 주희는 과감히 고전을 (물리적으로) 해체해 단행본을 만든다. 『예기』는 옛부터 오경(五經)으로 존숭받아왔던 고전 중의 고전 아니던가! 중국 역사상 자기 이름을 걸고 이렇게 고전을 재구성한 예는 오직 주희밖에 없다. 한 걸음 더 나아가 『대학』은 경문의 글자도 바꾸어 버린다. 주희가 위대한 철학자라면 그 까닭이 여기에 있지 않을까! 성리학 같은 철학 체계는 이미 플라톤이 훨씬 오래전에 만들어 놓았다. 주희는 『중용』을 33장으로 분장(分章) 하면서 고전 (의미적으로)

해체 작업을 완성한다. 주희 이전에 이런 분장을 최초로 시도한 것은 공영달(孔穎達)이었다. 공영달은 의미보다 자사가 할아버지 말씀을 채록한 것으로 『중용』을 간주하면서 '자왈(子曰)'이라는 형식만 강조했다. 분장을 어떻게 하느냐에 따라 『중용』의 의미가 다르게 다가온다. 분장이란 본서에서 확인할 수 있는데 '1-1' 같이 문장과 단락을 나누는 것을 말한다. 본서도 『중용』의 내재적 흐름을 중시하여 주희의 분장 체제를 따랐다. 이런 일련의 과정은 명문 『중용장구서(中庸章句序)』에 자세히 나와 있다. 필독을 권한다. 내용뿐만 아니라 간결한 힘 있는 필력도 눈여겨보시길 바란다.

사서의 성립과 관학화, 중앙집권화에 대해서 『논어』서문에서 다루었으므로 여기서 부연하지 않는다. 주희는 사서를 편찬하면서 후학을 위해서 읽는 순서를 친절하게 설명해 두었다. "먼저 『대학』을 읽고 대강을 정립하고, 다음 『논어』를 읽고 근본을 세운다. 다음 『맹자』을 읽고 근본이 펼쳐져 나가는 것을 살피고, 다음 『중용』을 읽고 옛사람의 깊고 미묘한 뜻을 찾아야 한다(某要人 先讀大學, 以定其規模, 次讀論語, 以立其根本, 次讀孟子, 以觀其發越, 次讀 中庸, 以求古人之微妙處)."

『중용』은 깊다. 주희도 불혹이 넘어서야 의미가 들어 왔다고 한다. 오죽하면 공자께서 "서슬 퍼런 칼날은 밟을 수 있어도 중용은 불가능하다(白刃可蹈也, 中庸不可能也)?"고 하셨겠는가! 귀한 것은 그만큼 얻기 어렵다. 반복해서 읽으셔, 좋은 성과가 있으시길 기원한다. 우둔한 친구를 믿고 지금까지 학문의 길을 걸을 수 있도록 후원해 주신 분께 큰절 올린다. 강호 제현께서 가혹한 질타를 해주시길 간절히 바란다. 이 번역이 한국 번역 문화의 밀알이 되었으면 더 바랄 게 없겠다.

2022년 겨울,
용문산 아래에서, 윤지산 삼가 쓰다.

목차

第一章

01

天命之謂性　　　　　　　　　　천명지위성

率性之謂道　　　　　　　　　　솔성지위도

脩道之謂敎　　　　　　　　　　수도지위교

02

道也者 不可須臾離也　　　　　　도야자 불가수유리야

可離 非道也　　　　　　　　　　가리 비도야

是故 君子 戒愼乎其所不睹　　　　시고 군자 계신호기소부도

恐懼乎其所不聞　　　　　　　　　공구호기소불문

03

莫見乎隱　　　　　　　　　　　막현호은

莫顯乎微　　　　　　　　　　　막현호미

故君子愼其獨也　　　　　　　　고군자신기독야

제1장

01

하늘의 소리(명령)가 (만물에) 내려앉은 것을 '성'이라 하고,

성을 따르는 것을 '도'라고 하며,

도를 받들고 체현하는 것을 '교'라고 한다.

02

도는 (만물을) 잠시도 벗어나지 않는다.

벗어나는 것이라면 이미 도가 아니다.

그래서 군자는 (도를) 볼 수 없더라도 매우 삼가고,

들을 수 없더라도 매우 두려워한다.

03

아무리 숨겨도 드러나며,

아무리 작아도 눈에 띄게 마련이다.

하여, 군자는 혼자 있어도 늘 조심하고 두려워한다.

04

喜怒哀樂之未發 謂之中　　희로애락지미발 위지중

發而皆中節 謂之和　　　　발이개중절 위지화

中也者 天下之大本也　　　중야자 천하지대본야

和也者 天下之達道也　　　화야자 천하지달도야

05

致中和　　　　치중화

天地位焉　　　천지위언

萬物育焉　　　만물육언

04

기쁨, 분노, 슬픔, 즐거움(희노애락)의 감정이
일어나기 전의 마음을 '중'이라고 하고,
감정을 상황에 맞게 표출하는 것을 '화'라고 한다.
'중'은 천하의 근본이고,
'화'는 천하 사람이 반드시 걸어가야 하는 길이다.

05

(하늘 아래 사람 모두가) '중'과 '화'를 체현하면,
하늘과 땅은 제자리를 잡고,
(생태계가 무너지지 않고) 만물은 제대로 생장한다.

第二章

01

仲尼曰　　　　　　　　　　　　　중니왈

君子中庸 小人反中庸　　　　　　　군자중용 소인반중용

02

君子之中庸也　　　　　　　　　　군자지중용야

君子而時中　　　　　　　　　　　군자이시중

小人之中庸也　　　　　　　　　　소인지중용야

小人而無忌憚也　　　　　　　　　소인이무기탄야

제2장

01

중니(공자)께서 말씀하셨다.

"군자는 중용을 체현하고, 소인은 중용을 거스른다."

02

"군자가 중용을 체현할 수 있는 것은

군자다우면서 때에 맞게 행동한 덕분이다.

소인이 중용을 거스르는 것은

소인이면서 제멋대로 행동하는 탓이다."

第三章

子曰 中庸其至矣乎　　　　　자왈 중용기지의호

民鮮能久矣　　　　　　　　　민선능구의

제3장

공자께서 말씀하셨다. "중용이란 지극히 어렵구나!
이를 오래 실천하는 사람이 드문 것을 보니……"

第四章

01

子曰 道之不行也	자왈 도지불행야
我知之矣	아지지의
知者過之	지자과지
愚者不及也	우자불급야
道之不明也	도지불명야
我知之矣	아지지의
賢者過之	현자과지
不肖者不及也	불초자불급야

02

人莫不飮食也	인막불음식야
鮮能知味也	선능지미야

제4장

01

공자께서 말씀하셨다.

"사람들이 왜 도를 실천하지 못하는지, 나는 안다.

잔꾀에 밝은 자들은 (아는 척하다) 지나쳐버리고,

아둔한 자들은 길조차 찾지 못한다.

사람들이 왜 도를 분명하게 밝히지 못하는지, 내가 안다

재빠른 이들은 샛길을 찾고,

굼뜬 이들은 어디로 들어가야 할지조차 모른다."

02

"모두 음식을 먹건만,

맛을 제대로 아는 사람 드물다."

第五章

子曰 道其不行矣夫　　　　　　　　자왈 도기불행의부

제5장

공자께서 말씀하셨다.

"진정 (중용의) 도가 행해지지 않구나!"

第六章

子曰 舜其大知也與　　　　　자왈 순기대지야여

舜好問而好察邇言　　　　　순호문이호찰이언

隱惡而揚善　　　　　　　　은악이양선

執其兩端用 其中於民　　　집기양단용 기중어민

其斯以爲舜乎　　　　　　　기사이위순호

제6장

공자께서 말씀하셨다. "순임금은 진정한 지식인이었다.
(신분 고하를 막론하고) 즐겨 물으셨고
(현실의 문제와) 가까운 말을 세심하게 살피셨다.
다른 사람의 서툰 점은 지적하지 않으시고
좋은 점만 칭찬하셨다.
(잘못된) 극단의 길로 흐르는 것을 막으시고
바른길을 백성에게 보이셨다.
그래서 순임금은 위대하신 것이다."

第七章

子曰 人皆曰予知　　　　　　자왈　인개왈여지

驅而納諸罟攫陷井之中　　　　구이납저고확함정지중

而莫之知辟也　　　　　　　　이막지지피야

人皆曰予知　　　　　　　　　인개왈여지

擇乎中庸而不能期月守也　　　택호중용이불능기월수야

제7장

공자께서 말씀하셨다.
"사람들은 모두 자기가 똑똑하다고 우기지만
덫이나 함정으로 몰고 가도 피할 줄 모른다.
사람들은 모두 자기가 지혜롭다고 하면서도
중용의 길을 한 달도 실천하지 못하는구나!"

第八章

子曰 回之爲人也   자왈 회지위인야

擇乎中庸   택호중용

得一善則拳拳服膺   득일선즉권권복응

而弗失之矣   이불실지의

제8장

공자께서 말씀하셨다. "안회는 뛰어난 사람이다.
중용을 길을 배우고 실천하면서,
하나라도 좋은 것을 배우면 가슴에 고이 품고
놓치지 않으려 애썼다."

第九章

子曰 天下國家可均也   자왈 천하국가가균야

爵祿可辭也   작록가사야

白刃可蹈也   백인가도야

中庸不可能也   중용불가능야

제9장

공자께서 말씀하셨다.

"하늘 아래 모든 나라를 평화롭게 다스릴 수 있고,

높은 관직도 사양할 수 있으며,

시퍼런 칼날을 밟을 수도 있다.

하지만 중용을 잘 실천하기는 힘들다."

第十章

01

子路問强　　　　　　　　　자로문강

02

子曰 南方之强與　　　　　　자왈 남방지강여

北方之强與　　　　　　　　　북방지강여

抑而强與　　　　　　　　　　억이강여

03

寬柔以敎　　　　　　　　　　관유이교

不報無道　　　　　　　　　　불보무도

南方之强也　　　　　　　　　남방지강야

君子居之　　　　　　　　　　군자거지

제10장

01

자로가 (진정한) 강함이 무엇이 공자께 여쭈었다.

02

공자께서 되물으셨다.
"남방이나 북방에서 강하다 하는 것을 알고 싶으냐?
아니면 네가 지향하는 강함을 말하는가?

03

너그럽고 대하고 부드럽게 다독여서 교화시키고,
정도에서 벗어났다고 꾸짖지 않는 것이
남쪽에서 말하는 강함이다.
군자가 이렇게 실천한다.

04

衽金革　　　　　　　　　　임금혁

死而不厭　　　　　　　　　사이불염

北方之强也　　　　　　　　북방지강야

而强者居之　　　　　　　　이강자거지

05

故君子和而不流　　　　　　고군자화이불류

强哉矯　　　　　　　　　　강재교

中立而不倚　　　　　　　　중립이불의

强哉矯　　　　　　　　　　강재교

國有道 不變塞焉　　　　　국유도 불변색언

强哉矯　　　　　　　　　　강재교

國無道 至死不變　　　　　국무도 지사불변

强哉矯　　　　　　　　　　강재교

04

갑옷을 입고 무기를 들고 전장에 나가서
죽더라도 물러서지 않는 것을
북쪽에서 강함이라고 부른다.
너는 이렇게 강해지고 싶겠지!

05

하나, (진정한) 군자는 다른 사람과 어울려
새로운 길을 열어서 더 높은 수준으로 함께 간다.
이것이 진정한 강함이다.
또 중용을 실천하면서
이단이나 극단으로 치닫지 않는다.
진정한 강함이란 이런 것이다.
나라가 평화롭더라도
어려운 시절 품었던 뜻을 굽히지 않는다.
진정한 강한 사람은 이렇게 한다.
나라가 혼란해 죽음이 닥치더라도
평소 품을 뜻을 저버리지 않는다.
이렇게 해야 진정 강하다고 할 수 있다."

第十一章

01

子曰 索隱行怪

後世有述焉

吾弗爲之矣

자왈 색은행괴

후세유술언

오불위지의

02

君子遵道而行

半途而廢 吾弗能已矣

군자준도이행

반도이폐 오불능이의

03

君子依乎中庸

遯世不見知而不悔

唯聖者能之

군자의호중용

둔세불견지이불회

유성자능지

제11장

01

공자께서 말씀하셨다.

"까닭 없이 세상을 등지거나 이적을 행하면서,

후세에게 칭송받기를 원하는 이들도 있겠으나,

나는 그런 짓은 하지 않는다.

02

도를 따라 실천하면서

(힘에 부쳐) 중간에 포기하는 사람이 더러 있는가 보다.

나는 그렇게 할 수 없다.

03

중용의 길을 걸으면서도

세상이 알아주지 않아도 후회하지 않는 경지,

오직 성인만 그렇게 하실 수 있다.

第十二章

01

君子之道 費而隱

군자지도 비이은

02

夫婦之愚

부부지우

可以與知焉

가이여지언

及其至也

급기지야

雖聖人亦有所不知焉

수성인역유소부지언

夫婦之不肖

부부지불초

可以能行焉

가이능행언

及其至也

급기지야

雖聖人亦有所不能焉

수성인역유소불능언

天地之大也

천지지대야

人猶有所憾

인유유소감

故君子語大

고군자어대

天下莫能載焉

천하막능재언

語小

어소

天下莫能破焉

천하막능파언

제12장

"군자의 도는 매우 크지만 잘 드러나지 않는다.

아둔한 필부필부라도 이 도를 알 수 있다.
하지만 그 지극함에 있어서는
성인일지라도 모르는 바가 있다.
미숙한 갑남을녀라도 이 도를 실천할 수 있다.
하지만 그 지극함에 있어서는
성인도 어쩔 수 없는 곳이 있다.
하늘이 아무리 광대할지라도(완벽할지라도),
하늘을 원망하는 사람도 있다.
하지만, 군자가 '크다'고 하면
아무리 드넓은 하늘도 그 '큼'을 다 덮을 수 없고,
'작다'고 하면
하늘은 그 '작음'을 쪼개지 못한다.

03

詩云 鳶飛戾天　　　　시운 연비려천

魚躍于淵　　　　　　어약우연

言其上下察也　　　　언기상하찰야

04

君子之道　　　　　　군자지도

造端乎夫婦　　　　　조단호부부

及其至也　　　　　　급기지야

察乎天地　　　　　　찰호천지

03

옛 노래에 '새매가 하늘을 가르고,
잉어가 연못에서 뛰쳐오르네!'라고 했는데,
도가 하늘에서든 땅에서든
분명히 흐르고 있다는 의미이다.

04

군자의 도는
선남선녀가 시작해서
최고의 경계에 들어서면
하늘과 땅 사이에서 밝게 빛난다."

第十三章

01

子曰 道不遠人

人之爲道而遠人

不可以爲道

자왈 도불원인

인지위도이원인

불가이위도

제13장

공자께서 말씀하셨다.

"도는 사람과 멀리 떨어져 있지 않다.

사람이 도를 실천하면서 도와 멀어지면,

도를 제대로 실천하지 못한 탓이다.

02

詩云 伐柯伐柯 　　　시운 벌가벌가

其則不遠 　　　기칙불원

執柯以伐柯 　　　집가이벌가

睨而視之 　　　예이시지

猶以爲遠 　　　유이위원

故君子以人治人 　　　고군자이인치인

改而止 　　　개이지

이런 시가 있다.

'도낏자루를 베네, 도낏자루를 베네.

자루의 모형은 멀리 있지 않네.

제 손으로 자루를 잡고 자루를 베는데,

흘겨보고서도 멀리 있다고 생각하네.' 하여,

군자는 사람의 도리로서 사람을 가르치다

(허물을) 고치면 그만둔다.

03

忠恕違道不遠   충서위도불원

施諸己而不願   시저기이불원

亦勿施於人   역물시어인

03

충서의 도는 멀리 있지 않다.

자기가 싫은 것을

남에게 강요하지 않으면 된다.

04

君子之道四	군자지도사
丘未能一焉	구미능일언
所求乎子	소구호자
以事父未能也	이사부미능야
所求乎臣	소구호신
以事君未能也	이사군미능야
所求乎弟	소구호제
以事兄未能也	이사형미능야
所求乎朋友	소구호붕우
先施之未能也	선시지미능야
庸德之行	용덕지행
庸言之謹	용언지근
有所不足	유소부족
不敢不勉	불감불면
有餘不敢盡	유여불감진
言顧行 行顧言	언고행 행고언
君子胡不慥慥爾	군자호불조조이

04

군자의 도는 네 가지 있다.

나는 이 중 하나라도 잘하지 못한다.

자식에게 바라는 마음으로

어버이를 섬기지 못하고,

신하에게 바라는 마음으로

군주를 섬기지 못하고,

동생에게 바라는 마음으로

형을 모시지 못하고,

친구에게 바라는 것을

먼저 베풀지 못한다.

떳떳한 덕을 행하고

평소 말을 삼가며

그래도 부족하면 열심히 노력해야 한다.

설령 향상되더라도 자만하지 말아야 한다.

말을 했다면 행동을 살펴야 하고,

행동하기 전에 한 말을 돌아보아야 한다.

군자는 늘 삼가고 착실해야 한다."

第十四章

01

君子素其位而行　　　　　　　군자소기위이행

不願乎其外　　　　　　　　　불원호기외

02

素富貴行乎富貴　　　　　　　소부귀행호부귀

素貧賤行乎貧賤　　　　　　　소빈천행호빈천

素夷狄行乎夷狄　　　　　　　소이적행호이적

素患難行乎患難　　　　　　　소환난행호환난

君子無入而不自得焉　　　　　군자무입이부자득언

제14장

01

"군자는 직분(처지)에 맞게 행동해야 하며,
그 범위를 넘어서는 것을 바래서는 안 된다.

02

재산이 많고 직위가 높다면 거기에 걸맞게 행동해야 하며,
가난하고 직위가 낮다면 또 거기에 맞게 행동해야 한다.
오랑캐 땅에 갔다면 오랑캐 법도를 따르고,
환난이 닥친다면 그 상황에 맞게 행동해야 한다.
군자라면 어디를 가든 그 상황에 맞게 처신해야 한다.

03

在上位不陵下   재상위불릉하

在下位不援上   재하위불원상

正己而不求於   정기이불구어

人則無怨   인즉무원

上不怨天   상불원천

下不尤人   하불우인

04

故君子居易以俟命   고군자거이이사명

小人行險以徼幸   소인행험이요행

05

子曰 射有似乎君子   자왈 사유사호군자

失諸正鵠   실저정곡

反求諸其身   반구저기신

03

윗자리에 있을 때 아래 사람을 능멸하지 말아야 하며,

아래 자리에 있을 때 윗사람을 이기려 들지 말아야 한다.

제 처신을 바르게 하면서 다른 사람에게

이것저것 요구하지 않으면 원한을 사지 않는다.

위로는 하늘을 원망하지 않고,

아래로는 사람을 허물하지 않는다.

04

하여, 군자는 정도대로 살면서 하늘의 명을 기다리고,

소인은 정도에 벗어난 짓을 하면서 요행을 바란다.

05

공자께서 말씀하셨다.

활쏘기는 군자의 행동과 비슷하다.

과녁에 명중하지 않으면

먼저 활 쏘는 자세를 되돌아보아야 한다.”

第十五章

01

君子之道   군자지도

譬如行遠必自邇   비여행원필자이

譬如登高必自卑   비여등고필자비

02

詩曰 妻子好合   시왈 처자호합

如鼓瑟琴   여고슬금

兄弟旣翕   형제기흡

和樂且耽   화락차탐

宜爾室家   의이실가

樂爾妻帑   낙이처노

03

子曰 父母其順矣乎   자왈 부모기순의호

제15장

01

"군자의 도를 체현하려면
반드시 가까운 데부터 시작하여 멀리까지 넓혀가야 한다.
높을 산을 오를 때 낮은 곳에서 시작하는 것과 같다.

02

이런 시가 있지 않던가!
'아내를 아끼고 자식을 사랑하며
화합하는 것이 마치 금슬을 타는 듯하며,
형제가 우애가 좋으니
웃음이 넘치고 즐겁네,
네 집안에 해야 할 일은 하며,
아내와 자식을 즐겁게 하라!'."

03

공자께서 말씀하셨다.
"이렇게 하면 부모님이 마음을 놓고 좋아하신다."

第十六章

01

子曰 鬼神之爲德　　　　　자왈 귀신지위덕

其盛矣乎　　　　　　　　　기성의호

02

視之而弗見　　　　　　　　시지이불견

聽之而弗聞　　　　　　　　청지이불문

體物而不可遺　　　　　　　체물이불가유

03

使天下之人齊明盛服　　　　사천하지인재명성복

以承祭祀　　　　　　　　　이승제사

洋洋乎如在其上　　　　　　양양호여재기상

如在其左右　　　　　　　　여재기좌우

제16장

01

공자께서 말씀하셨다.
"음양의 기운(귀신의 덕)이
온 우주에 가득 차 흐르는구나!

02

보려고 해도 볼 수 없고,
들으려 해도 들을 수 없네,
만물에 남김없이 깃들어 있네!

03

천하 사람들이 재계하고 옷을 갖춰 입고
제사를 모시면,
넘실넘실 바로 위에 계신,
바로 옆에 계신 듯하네!

04

詩曰 神之格思　　　　　　시왈 신지격사

不可度思　　　　　　　　불가탁사

矧可射思　　　　　　　　신가역사

05

夫微之顯　　　　　　　　부미지현

誠之不可揜　　　　　　　성지불가엄

如此夫　　　　　　　　　여차부

시에서 노래했다.

'신이 오시네. 오시는 모습 헤아릴 길 없네.

어찌 물리칠 수 있으리오!'

은미함이 드러나는 것은

진실로 가릴 수 없음이 이와 같다."

第十七章

01

子曰 舜其大孝也與	자왈 순기대효야여
德爲聖人	덕위성인
尊爲天子	존위천자
富有四海之內	부유사해지내
宗廟饗之 子孫保之	종묘향지 자손보지

제17장

공자께서 말씀하셨다.

"순임금은 진정 큰 효자이시다!

<small>(진정 큰 효자이므로 하늘이 보우하사)</small> 덕은 성인의

경계에 들어섰고, 직위는 천자에 오르셨다.

또 천하를 다 가졌으니 얼마나 부유하신가?

종묘에 배향되셔 자손이 오래도록 제사를 모셨다.

02

故大德必得其位	고대덕필득기위
必得其祿	필득기록
必得其名	필득기명
必得其壽	필득기수

03

故天之生物	고천지생물
必因其材而篤焉	필인기재이독언
故栽者培之	고재자배지
傾者覆之	경자복지

02

순임금과 같이 덕이 크신 이들은 그에 합당한 지위를 얻고,

걸맞은 봉록을 받으며,

그에 어울리는 이름으로 불리시고,

그만큼 천수를 누리신다.

03

왜냐하면 하늘이 만물을 내리실 때

그 성장과 생장에 따라 달리 대하시기 때문이다.

곧게 잘 자라면 복 돋아주고,

기울고 삐뚠 것은 갈아엎는다.

04

詩曰 嘉樂君子　　　　　시왈 가락군자

憲憲令德　　　　　　　헌헌령덕

宜民宜人　　　　　　　의민의인

受祿于天　　　　　　　수록우천

保佑命之　　　　　　　보우명지

自天申之　　　　　　　자천신지

05

故大德者必受命　　　　고대덕자필수명

04

이런 시가 있지. '멋지고 즐거운 군자여!

아름다운 덕 밝게 빛나네.

백성을 마땅한 길로 인도하고, 백성을 아끼시네.

하늘이 복을 내려주시면서

보우하시고 명을 내려주시네.

하늘에서 자꾸자꾸 복을 내려주시네!'

05

하여, 덕이 큰 사람에게 하늘이 반드시 부르신다!"

第十八章

01

子曰 無憂者 其惟文王乎

이왈 무우자 기유문왕호

以王季爲父 以武王爲子

이왕계위부 이무왕위자

父作之 子述之

부작지 자술지

02

武王纘大王王季文王之緒

무왕찬태왕왕계문왕지서

壹戎衣而有天下

일융의이유천하

身不失天下之顯名

신불실천하지현명

尊爲天子

존위천자

富有四海之內

부유사해지내

宗廟饗之

종묘향지

子孫保之

자손보지

제18장

공자께서 말씀하셨다.

"세상에서 오직 문왕께서만 걱정이 없으실 것이다.

왕계가 아버지이시고 무왕이 자식이니 무슨 걱정이 있겠는가?

아버지는 (나라를) 창업하시고, 자식이 이어받았으니!

무왕은 (증조)태왕, (조부)왕계, (아버지)문왕의 가업을 받아,

단 한 번 갑옷을 입고 천하를 평정하셨다.

천하에 떨친 명성을 잃지 않았고,

직위는 천자에 오르셨고, 천하를 다 가졌으니

부유했고 종묘에 배향되셔

자손이 오래도록 제사를 모셨다.

武王末受命 　　　　　　　무왕말수명

周公 成文武之德 　　　　　주공성문무지덕

追王大王王季 　　　　　　추왕태왕왕계

上祀先公以天子之禮 　　　상사선공이천자지례

斯禮也達乎諸候大夫及士庶人 　사례야달호제후대부급사서인

父爲大夫 子爲士 　　　　부위대부 자위사

葬以大夫 祭以士 　　　　장이대부 제이사

父爲士 子爲大夫 　　　　부위사 자위대부

葬以士 祭以大夫 　　　　장이사 제이대부

期之喪 達乎大夫 　　　　기지상 달호대부

三年之喪 達乎天子 　　　삼년지상 달호천자

父母之喪 無貴賤一也 　　부모지상 무귀천일야

무왕은 늦게 천명을 받으셔 대업을 완성하지 못하고 돌아가시자,

동생인 주공이 아버지 문왕과 형 무왕이 펼친 대업을 완성하

셨다. 주공은 태왕과 왕계를 왕으로 추존하고,

그 윗대 선조들의 제사를 천자의 예에 준하여 모셨다.

이런 예법을 제후에서 대부, 사, 서인까지 모두 따르도록 했다.

아버지가 대부이고 아들이 사이면

대부의 예로 장례를 치르고 사의 예로 제사를 지낸다.

아버지가 사이고 아들이 대부이며

장례는 사의 예로 치르고 제사는 대부의 예로 치른다.

서인에서 대부까지는 기년상을 치르고

천자는 삼년상을 치른다.

부모의 상은 신분의 귀천과 관계없이 모두 똑같이 치른다."

第十九章

01

子曰 武王周公
其達孝矣乎

자왈 무왕주공
기달효의호

02

夫孝者 善繼人之志
善述人之事者也

부효자 선계인지지
선술인지사자야

제19장

01

공자께서 말씀하셨다.

"(형제인) 무왕과 주공께서 진정한 효자이시다!

02

무릇 효자란 윗사람(부모) 뜻을 잘 받들고
윗사람의 업적을 잘 잇는 이들이다.

03

春秋修其祖廟　　　　　　춘추수기조묘

陳其宗器　　　　　　　　진기종기

設其裳衣　　　　　　　　설기상의

薦其時食　　　　　　　　천기시식

04

宗廟之禮 所以序昭穆也　　종묘지례 소이서소목야

序爵所以辨貴賤也　　　　서작소이변귀천야

序事所以辨賢也　　　　　서사소이변현야

旅酬下爲上　　　　　　　여수하위상

所以逮賤也　　　　　　　소이체천야

燕毛所以序齒也　　　　　연모소이서치야

03

봄, 가을에는 선조의 사당을 정비하고,

제기와 가보를 꺼내 닦고,

선조가 입던 의상도 깨끗이 정리하며

때에 맞는 음식을 올린다.

04

종묘의 예법에 따라 위패의 위치를 정한다.

종묘에서 제사의 자리를 정하는 것은 귀천을 구별하려고 것이고,

일하는 순서를 정하는 것은 능력과 재능에 따라 맡기려는 것이고,

제사상에 술을 올릴 때 제일 아래 사람이 차례로 윗사람에게 전

달하는 것은 조상의 복이 아래 사람에게도 미치게 하려는 것이다.

(제사가 끝나고) 음복할 때 머리카락 색깔에 따라 자리를 배치하는

것은 나이에 따라 예우하려는 것이다.

05

踐其位行其禮	천기위행기례
奏其樂	주기악
敬其所尊	경기소존
愛其所親	애기소친
事死如事生	사사여사생
事亡如事存 孝之至也	사망여사존 효지지야

06

郊使之禮 所以事上帝也	교사지례 소이사상제야
宗廟之禮 所以祀乎其先也	종묘지례 소이사호기선야
明乎郊使之禮 禘嘗之義	명호교사지례 체상지의
治國其如示諸掌乎	치국기여시저장호

05

(선왕의 계셨던 자리를) 밟아보고 예를 행하고,

들으시던 곡을 연주하고,

존경하시던 분을 더 공경하고,

친하게 여기시던 분과 더 친하게 지낸다.

제사를 모시는 것을 마치 살아있을 때처럼 하고

돌아가셔도 계실 때처럼 해야 지극한 효라고 할 수 있다.

06

교사의 예는 상제를 섬기려는 것이고

종묘의 예는 선조를 섬기려는 것이다.

교사의 예와 (종묘의 봄 제사인) 체와 (가을 제사인) 상의 의미에 밝다면

천하를 손바닥에 올려놓고 다스릴 수 있을 것이다.

第二十章

01

哀公問政   애공문정

02

子曰 文武之政   자왈 문무지정
布在方策   포재방책
其人存則其政擧   기인존즉기정거
其人亡則其政息   기인무즉기정식

03

人道敏政   인도민정
地道敏樹   지도민수
夫政也者蒲盧也   부정야자포로야

제20장

01

(노나라) 애공이 정치에 관해서 물었다.

02

공자께서 답하셨다.
"문왕과 무왕이 펼친 정치에 대한 기록은
목판이나 죽간으로 많이 남아 있습니다.
이런 정치를 할 사람이 있어야 정치가 바르게 됩니다.
사람이 없으면 그 정치도 망합니다.

03

사람에 따라 정치의 결과는 빠르게 나타납니다.
땅심에 따라 나무도 빠르게 반응합니다.
누가 맡느냐에 따라 정치는 쑥쑥 자라는
갈대처럼 결과가 바로 나옵니다.

04

故爲政在人	고위정재인
取人以身	취인이신
修身以道	수신이도
修道以仁	수도이인

05

仁者人也	인자인야
親親爲大	친친위대
義者宜也	의자의야
尊賢爲大	존현위대
親親之殺	친친지쇄
尊賢之等	존현지등
禮所生也	예소생야

04

왜냐하면 정치는 사람이 하는 것이기 때문입니다.

좋은 인재를 등용해 (군주는) 자신을 바로잡고,

(군주가) 자신을 갈고닦으면 도에 이릅니다.

도를 연마하면 인간으로서 최고 경지에 이를 수 있습니다.

05

인간의 최고 경지란 결국 사람다움을 말합니다.

가까이해야 할 사람(가족과 친척)을

진정 가깝게 하는 것은 위대한 일입니다.

의는 마땅함을 뜻합니다.

뛰어난 이를 마땅히 존경하는 것도 위대한 일입니다.

촌수에 따라 친한 정도가 달리해야 하며,

능력에 따라 예우를 달리해야 합니다.

여기에서 예가 생겨 난 것입니다.

06

在下位不獲乎上　　　　　　　재하위불획호상

民不可得而治矣　　　　　　　민불가득이치의

07

故君子 不可以不修身　　　　　고군자 불가이불수신

思修身 不可以不事親　　　　　사수신 불가이불사친

思事親 不可以不知人　　　　　사사친 불가이부지인

思知人 不可以不知天　　　　　사지인 불가이부지천

.

06

아래 자리 있을 때 윗사람이 신임을
받지 못하는 사람은 백성을 다스리지 못한다.

07

그러므로 군자는 반드시 수신해야 하는데,
수신하고자 하면 먼저 어버이를 섬기는 것을 고민해야 합니다.
어버이를 섬기는 것을 고민한다면 다른 사람을 제대로 알아야 합
니다. 다른 사람을 제대로 알려면 반드시 하늘의 뜻을 알아야 합
니다.

08

天下之達道五　　　　　　　천하지달도오

所以行之者三　　　　　　　소이행지자삼

曰 君臣也 父子也　　　　　왈 군신야 부자야

夫婦也 昆弟也 朋友之交也　부부야 곤제야 붕우지교야

五者天下之達道也　　　　　오자천하지달도야

知仁勇三者 天下之達德也　지인용삼자 천자지달덕야

所以行之者一也　　　　　　소이행지자일야

인간관계를 나누면 다섯 가지밖에 없는데

이 사이에 반드시 지켜야 할 도리가 있습니다.

이 도리를 실천하는 마음의 자세는 세 가지입니다.

다섯 가지 관계란 '임금과 신하, 부모와 자식,

부부, 형제, 친구'입니다.

세 가지의 마음의 자세란 '지, 인, 용'입니다.

하지만 이 모두는 결국 하나입니다.

或生而知之	혹생이지지
或學而知之	혹학이지지
或困而知之	혹곤이지지
及其知之一也	급기지지일야
或安而行之	혹안이행지
或利而行之	혹리이행지
或勉强而行之	혹면강이행지
及其成功一也	급기성공일야

(이 하나를) 나면서부터 아는 사람이 있고,

배워야 아는 사람이 있는가 하면,

아주 곤란한 상황을 겪어야만 아는 사람도 있습니다.

결국 그 앎은 하나입니다.

(이 도리를) 자연스럽게 실천하는 사람도 있고,

이해를 따져서 실천하는 사람도 있으며,

억지로 실천하는 사람도 있습니다.

그러나 (성공의) 결과는 모두 같습니다."

10

子曰 好學近乎知　　　　　　자왈 호학근호지

力行近乎仁　　　　　　　　　역행근호인

知恥近乎勇　　　　　　　　　지치근호용

11

知斯三者 則知所以修身　　　지사삼자 즉지소이수신

知所以修身　　　　　　　　　지소이수신

則知所以治人　　　　　　　　즉지소이치인

知所以治人　　　　　　　　　지소이치인

則知所以治天下國家矣　　　　즉지소이치천하국가의

10

공자께서 다시 말씀을 이어가셨다.

"배움을 좋아하면 지에 가까워지고,

힘써 실천하면 인에 가까워지며,

부끄러움을 알면 용에 다가갑니다.

11

이 세 가지를 체득하면 수신하는 방법을 깨닫고,

수신을 알면 다른 사람을 다스릴 수 있고,

다른 사람을 다스릴 수 있으면

하늘 아래 모든 나라를 통치할 수 있습니다.

12

凡爲天下國家 有九經

曰 修身也 尊賢也

親親也 敬大臣也

體群臣也 子庶民也

來百工也 柔遠人也

懷諸候也

범위천하국가 유구경

왈 수신야 존현야

친친야 경대신야

체군신야 자서민야

내백공야 유원인야

회제후야

12

천하 국가를 다스리려면 아홉 가지 벼리를 마음에 품어야 합니다.
'수신할 것, 뛰어난 이를 존중할 것,
가까운 사람을 가깝게 대할 것, 대신을 공경할 것,
군신들의 마음을 잘 살필 것, 백성을 자식처럼 아낄 것,
다양한 기술자들이 오게 할 것, 먼 곳에 사는 사람도 오고 싶게
할 것, 제후를 품는 것'입니다.

13

修身則道立

尊賢則不惑

親親則諸父昆弟不怨

敬大臣則不眩

體群臣則士之報禮重

子庶民則百姓勸

來百工則財用足

柔遠人則四方歸之

懷諸侯則天下畏之

수신즉도립

존현즉불혹

친친즉제부곤제불원

경대신즉불현

체군신즉사지보례중

자서민즉백성권

내백공즉재용족

유원인즉사방귀지

회제후즉천하외지

(군주가) 수신하면 도리가 세워지고,

뛰어난 이를 존중하면 삿된 일에 흔들리지 않게 되며,

가까이해야 할 이를 가깝게 모시면

부모 형제가 원망하지 않습니다.

대신을 공경하면 사리에 밝아지며,

군신의 마음을 잘 살피면 관리들이 정중한 예로 보답하며.

백성을 친자식처럼 아끼면

백성은 좋은 일을 하자고 서로를 다독입니다.

기술자가 많아지면 재정과 재물이 풍족해지고,

먼 지방 사람이 오기 시작하면 천하 사람들이 모여들며,

제후를 품으면 천하가 두려워합니다.

14

齊明盛服	재명성복
非禮不動	비례부동
所以修身也	소이수신야
去讒遠色	거참원색
賤貨而貴德	천화이귀덕
所以勸賢也	소이권현야
尊其位 重其祿	존기위 중기록
同其好惡	동기호오
所以勸親親也	소이권친친야
官盛任使	관성임사
所以勸大臣也	소이권대신야
忠信重祿	충신중록
所以勸士也	소이권사야
時使薄斂	시사박렴
所以勸百姓也	소이권백성야
日省月試	일성월시
旣稟(餼廩)稱事	희름칭사
所以勸百工也	소이권백공야
送往迎來	송왕영래
嘉善而矜不能	가선이긍불능
所以柔遠人也	소이유원인야
繼絶世 擧廢國	계절세 거폐국

14

(군주가) 재계하고 옷을 격식대로 갖춰 입고

예가 아니면 행동하지 않는 것이 수신입니다.

모함을 일삼는 이들과 여색을 멀리하고

재물을 가볍게 보면서 덕을 숭상하는 것이

뛰어난 이를 존중하는 것입니다.

서열을 존중하고 녹봉을 많이 주며

좋아함과 싫어함을 같이 하는 것이

가까이해야 할 이를 가까이하는 길입니다.

관직에 걸맞은 권한을 주고

수하는 책임지고 다룰 수 있게 하는 것이

대신을 존중하는 것입니다.

진심으로 대하면서 녹봉을 후하게 주는 것이

군신의 마음을 살피는 길입니다.

때에 맞춰 백성에게 요역을 부과하고 세금을 적게 거두는 것이

백성을 바른길로 이끄는 방법입니다.

매일 살피고 매월 조사해

실적만큼 녹봉을 주는 것이

백공을 오게 하는 것입니다.

갈 때 배웅하고 올 때 마중하고,

잘하는 이를 칭찬하고 서툰 이를 다독이는 것이

먼 지방 사람이 오게 하는 길입니다.

끊어진 후사를 이어주고 패망한 나라를 일으켜 세워 주며

治亂持危　　　　　　치란지위

朝聘以時　　　　　　조빙이시

厚往而薄來　　　　　후왕이박래

所以懷諸侯也　　　　소이회제후야

혼란하고 위험에 빠진 나라를 도와주면서

때에 맞게 조회와 예방을 하게 하고

(예물을) 적게 갖고 오더라도 많이 답례하는 것이

제후를 품는 방법입니다.

15

凡爲天下國家有九經　　　　범위천하국가유구경

所以行之者一也　　　　　　　소이행지자일야

16

凡事豫則立　　　　　　　　　범사예즉립

不豫則廢　　　　　　　　　　불예즉폐

言前定則不跲　　　　　　　　언전정즉불겁

事前定則不困　　　　　　　　사전정즉불곤

行前定則不疚　　　　　　　　행전정즉불구

道前定則不窮　　　　　　　　도전정즉불궁

15

천하 국가를 다스리는 벼리는 아홉 가지이나

실천할 때 갖추어야 할 마음가짐은 하나뿐입니다.

16

일의 진행을 먼저 예상하면 순조롭고,

예상하지 않으면 성사되지 않고,

미리 말을 정확하게 하면 차질이 생기지 않으며,

일의 방향을 미리 정해 놓으면 곤란을 겪지 않고,

구체적 방안을 미리 준비해두며 실수가 없고,

길을 미리 알아두면 막다른 길로 몰리지 않습니다.

在下位不獲乎上　　　　　　　재하위불획호상

民不可得而治矣　　　　　　　민불가득이치의

獲乎上有道　　　　　　　　　획호상유도

不信乎朋友 不獲乎上矣　　　　불신호붕우 불획호상의

信乎朋友有道　　　　　　　　신호붕우유도

不順乎親 不信乎朋友矣　　　　불순호친 불신호붕우의

順乎親有道　　　　　　　　　순호친유도

反諸身不誠 不順乎親矣　　　　반저신불성 불순호친의

誠身有道　　　　　　　　　　성신유도

不明乎善 不誠乎身矣　　　　　불명호선 불성호신의

아래 자리에 있으면서 윗사람에게 신임을 받지 못하는 사람은

백성을 다스릴 수 없습니다.

윗사람에게 신임을 받으려면

친구 사이에 신뢰를 잃지 않아야 합니다.

친구에게 신뢰를 얻는 길이 있으니

먼저 어버이를 잘 따라야 합니다.

어버이를 잘 따르는 길이 있으니

먼저 자신이 진실하고 성실해야 합니다.

진실하고 성실하려면 먼저 옳음을 분명히 알아야 합니다.

18

誠者 天之道也 성자 천지도야

誠之者 人之道也 성지자 인지도야

誠者 不勉而中 성자 불면이중

不思而得 불사이득

從容中道 종용중도

聖人也 성인야

誠之者 擇善而固執之者也 성지자 택선이고집지자야

진실하고 성실한 것이 하늘의 길이라면

그렇게 되려 노력하는 것이 사람이 가야 할 길입니다.

진실하고 성실한 사람은 애쓰지 않아도 중용의 길로 갈 수 있고,

고민하지 않아도 중용의 길을 터득하게 됩니다.

조용히 중용의 길을 걷는다면

인격을 완성하는 경지에 다다르게 됩니다.

진실하고 성실한 사람은 바른길을 택해 굳게 지키고 실천합니다.

19

博學之　　　　　　　박학지

審問之　　　　　　　심문지

愼思之　　　　　　　신사지

明辨之　　　　　　　명변지

篤行之　　　　　　　독행지

19

널리 배우고,

자세히 묻고,

신중하게 생각하고,

분명하게 분별하고,

독실하게 실천해야 합니다.

20

有弗學	유불학
學之弗能弗措也	학지불능부조야
有弗問	유불문
問之弗知弗措也	문지부지부조야
有弗思	유불사
思之弗得弗措也	사지부득부조야
有弗辨	유불변
辨之弗明弗措也	변지불명부조야
有弗行	유불행
行之弗篤弗措也	행지부독부조야
人一能之己百之	인일능지기백지
人十能之己千之	인십능지기천지

21

果能此道矣	과능차도의
雖愚必明	수우필명
雖柔必强	수유필강

20

배우지 않을지언정

배우려고 결심했다면 잘할 때까지 포기하지 말아야 하며,

차라리 묻지 않을지언정

한 번 물었다면 알 때까지 끝까지 질문해야 하고,

고민하지 않을지언정

고민했다면 깨우치기 전까지 놓지 말아야 하며,

분별하지 않을지언정

분별하려고 마음먹었다면 밝힐 때까지 붙들고 있어야 하며,

차라리 실천하지 않을지언정

실천하려고 다짐했다면 몸에 밸 때까지 매달려야 합니다.

다른 사람이 한 번에 잘한다면

나는 백 번을 연습하겠다 다짐하고,

다른 사람이 열 번에 잘한다면

나는 천 번을 하겠다고 마음을 다잡아야 합니다.

21

이 길을 잘 체득한다면

어두운 자 밝아질 것이고,

유약한 자 강해질 것입니다."

第二十一章

自誠明 謂之性

自明誠 謂之敎

誠則明矣

明則誠矣

자성명 위지성

자명성 위지교

성즉명의

명즉성의

제21장

진실하고 성실해서 (하늘의 이치에) 밝아지는 것을 성이라고 하며,
이치를 깨닫고 더욱 진실하고 성실한 사람이 되어 가는 것을 교
라고 한다.
진실하고 성실하면 밝아지고,
밝아지면 더 성실하고 진실해진다.

第二十二章

惟天下至誠	유천하지성
爲能盡其性	위능진기성
能盡其性	능진기성
則能盡人之性	즉능진인지성
能盡人之性	능진인지성
則能盡物之性	즉능진물지성
能盡物之性	능진물지성
則可以贊天地之化育	즉가이찬천지지화육
可以贊天地之化育	가이찬천지화육
則可以與天地參矣	즉가이여천지참의

제22장

지극히 성실하고 진실해야만
하늘의 명을 다 체현할 수 있다.
자신에게 나린 하늘의 명을 다 체현하며
다른 사람을 그렇게 하게 할 수 있다.
다른 사람이 하늘의 명을 다 체현하도록 한다면
(나를 제외한) 세상 모든 것이
하늘의 명을 체현하게 할 수 있다.
이렇게 할 수 있다면 우주의 생성에 나도 도울 수 있다.
생성을 도울 수 있다면 (나는 생성과 섞여들면서)
(생성과 그 자체인) 하늘과 땅과 나란히 서게 된다.

第二十三章

其次致曲	기차치곡
曲能有誠	곡능유성
誠則形	성즉형
形則著	형즉저
著則明	저즉명
明則動	명즉동
動則變	동즉변
變則化	변즉화
唯天下至誠爲能化	유천하지성위능화

제23장

그다음은 세세한 부분까지 정성을 다해야 한다.

정성을 다하면 (세세한 부분까지) 진실하고 성실해지며,

그러면 모습이 갖춰지고,

모습이 갖춰지면 분명히 드러나고,

분명히 드러나면 조금씩 변화하고,

변화하면 (새로운 관계를) 생성하고,

생성하면 우주의 흐름과 같이하게 된다.

지극히 성실하고 진실해야만

우주의 흐름과 같이 할 수 있다.

第二十四章

至誠之道 可以前知   지성지도 가이전지

國家將興 必有禎祥   국가장흥 필유정상

國家將亡 必有妖孼   국가장망 필유요얼

見乎蓍龜 動乎四體   현호시귀 동호사체

禍福將至   화복장지

善必先知之 不善必先知之 선필선지지 불선필선지지

故至誠如神   고지성여신

제24장

지극히 성실하고 진실한 사람은 앞을 내다볼 수 있다.

나라가 발전하려 할 때는 반드시 상서로운 징조가 있고,

망하려 할 때는 반드시 불길한 조짐이 있다.

시초와 거북이의 등껍질로 점을 쳐도 나타나고,

(성실하고 진실한 사람의) 온몸이 떨려 온다.

그러므로 화가 닥치고 복이 내릴 때

(성실하고 진실한 사람은) 좋은 것도 나쁜 것도 미리 알 수 있다.

하여, 지극히 성실하고 진실한 사람은 (귀신처럼) 신성하고 신비롭다

第二十五章

01

誠者自成也	성자자성야
而道自道也	이도자도야

02

誠者物之終始	성자물지종시
不誠無物	불성무물
是故君子誠之爲貴	시고군자성지위귀

제25장

01

성실과 진실을 스스로 일궈야 하고,
(인간의 길) 역시 스스로 만들어 가는 것이다.

02

진실과 성실이 세상 모든 것의 시작과 끝이다.
진실하고 성실하지 않으면 세상 만물이란 존재하지 않는 것이나
마찬가지이다.
그래서 군자는 성실과 진실을 귀하게 여긴다.

03

誠者 非自成己而已也 성자 비자성기이이야

所以成物也 소이성물야

成己仁也 성기인야

成物知也 성물지야

性之德也 合內外之道也 성지덕야 합내외지도야

故時措之宜也 고시조지의야

성실과 진실은 자기 혼자만 짓는 것이 아니라
세상 모든 것도 그 길로 가도록 도와야 한다.
자신을 완성하는 것을 인이라고 하고
세상 모든 것을 완성하는 것을 지라고 한다.
인과 지는 성의 덕성이며 세상을 꿰뚫은 길이다.
하여, 이 덕을 체득한 사람은 늘 올바르게 행동한다.

第二十六章

01

故至誠 無息　　　　　　　고지성 무식

02

不息則久　　　　　　　　불식즉구

久則徵　　　　　　　　　구즉징

03

徵則悠遠　　　　　　　　징즉유원

悠遠則博厚　　　　　　　유원즉박후

博厚則高明　　　　　　　박후즉고명

04

博厚所以載物也　　　　　박후소이재물야

高明所以覆物也　　　　　고명소이부물야

悠久所以成物也　　　　　유구소이성물야

제26장

01

지극한 성실과 진실은 쉼이 없다.

02

쉼이 없으면 오래가고,
오래가면 조짐이 드러난다.

03

조짐이 드러나면 깊어지고 저 멀리까지 간다.
깊어지고 저 멀리까지 가면 넓고 두터워진다.
넓고 두터워지면 높고 밝아진다.

04

넓고 두터워야 세상 모든 것을 실을 수 있고,
높고 밝아야 만물을 덮을 수 있으며,
소리 없이 오래가야 만물을 완성할 수 있다.

05

博厚配地   박후배지

高明配天   고명배천

悠久無疆   유구무강

06

如此者 不見而章   여차자 불현이장

不動而變   부동이변

無爲而成   무위이성

05

넓고 두터운 것이 곧 땅이고,

높고 밝은 것은 하늘이며,

오래가는 것은 끝없는 시간이다.

06

이와 같아지면 드러내지도 않아도 빛나고,

움직이지도 않아도 변하며,

작위를 짓지 않고 만물을 완성한다.

07

天地之道 可一言而盡也　　　천지지도 가일언이진야

其爲物不貳　　　　　　　　기위물불이

則其生物不測　　　　　　　즉기생물불측

08

天地之道 博也　　　　　　　천지지도 박야

厚也 高也 明也　　　　　　후야 고야 명야

悠也 久也　　　　　　　　유야 구야

07

하늘과 땅의 도는 한마디로 표현할 수 있다.

그 도는 (두 마음을 품지 않아) 한결같고,

만물을 끝없이 관계 짓고 (새로운 의미를) 생성한다.

08

천지의 도는 넓고,

두터우며, 높고, 밝으며,

고요하고, 오래간다.

09

今夫天 斯昭昭之多	금부천 사소소지다
及其無窮也	급기무궁야
日月星辰繫焉	일월성신계언
萬物覆焉	만물부언
今夫地 一撮土之多	금부지 일촬토지다
及其廣厚	급기광후
載華嶽而不重	재화악이부중
振河海而不洩	진하해이불설
萬物載焉	만물재언
今夫山 一券石之多	금부산 일권석지다
及其廣大	급기광대
草木生之 禽獸居之	초목생지 금수거지
寶藏興焉	보장흥언
今夫水 一勺之多	금부수 일작지다
及其不測	급기불측
黿鼉蛟龍魚鼈生焉	원타교룡어별생언
貨財殖焉	화재식언

09

하늘이란 몇 줄기 빛이 모인 것 같지만,

끝이 없어

하늘과 달, 별이 매달려 있고

만물을 덮는다.

땅은 한 줄기 흙이 쌓인 것이지만,

넓고 두터워

화악 같은 산을 실고도 무겁다 여기지 않고

강과 바다가 그 위로 흐르지만 물 한 방울이 새지 않으며

만물을 품는다.

산은 한 줌 돌이 쌓인 것이지만,

넓고 커서

그 안에 나무와 풀이 자라고 날짐승과 들짐승이 살며

진귀한 보물을 품고 있다.

강과 바다는 한 움큼 물이 모인 것이지만,

자라, 악어, 이무기, 용, 잉어, 거북이가 살고,

온갖 재화를 키운다.

10

詩云 維天之命

於穆不已

蓋曰天之所以爲天也

於乎不顯 文王之德之純

蓋曰文王之所以爲文也

純亦不已

시운 유천지명

오목불이

개왈천지소이위천야

오호불현 문왕지덕지순

개왈문왕지소이위문야

순역불이

10

옛사람이 '하늘의 명이여!
밝고 빛나며 영원히 그치지 않는다'라고 노래했는데,
이는 하늘이 하늘다운 까닭을 설명한 것이다.
또 '빛나지 않는가! 문왕의 덕의 순수함이여!'라고 노래했는데,
이는 문왕이 '문'이라는 시호를 받으신 까닭을 설명한 것이다.
하늘과 문왕의 순수함은 그치지 않고 영원히 흐른다."

第二十七章

01

大哉聖人之道　　　　　　　대재성인지도

02

洋洋乎發育萬物　　　　　　양양호 발육만물

峻極于天　　　　　　　　　준극우천

제27장

01

위대하시다! 성인의 도여!

02

(성인의 도는 하늘 아래) 넘실넘실 흐르면서 만물을 생성하고
성장시켜 하늘에 닿게 하는 듯하다.

03

優優大哉   우우대재

禮儀三百   예의삼백

威儀三千   위의삼천

04

待其人而後行   대기인이후행

05

故曰 苟不至德   고왈 구부지덕

至道不凝焉   지도불응언

03

(성인의 도는) 진실로 넉넉하고 광활하도다!

예의를 삼백 가지,

위의 삼천 가지를 지으셨다.

04

하지만 이 모든 것도 이를 체현한 사람이 있어야

천하에 행해진다.

05

그래서 '덕이 지극하지 않으면

지극한 도가 흩어진다'라고 옛사람이 말한 것이다.

06

故君子尊德性而道問學　　　　고군자존덕성이도문학

致廣大而盡精微　　　　　　　치광대이진정미

極高明而道中庸　　　　　　　극고명이도중용

溫故而知新　　　　　　　　　온고이지신

敦厚以崇禮　　　　　　　　　돈후이숭례

07

是故 居上不驕　　　　　　　시고 거상불교

爲下不倍　　　　　　　　　　위하불배

國有道 其言足以興　　　　　국유도 기언족이흥

國無道 其黙足以容　　　　　국무도 기묵족이용

詩曰 旣明且哲　　　　　　　시왈 기명차철

以保其身　　　　　　　　　　이보기신

其此之謂與　　　　　　　　　기차지위여

06

하여, 군자는 덕성을 존숭하면서 묻고 배우는 것을 강조한다.

군자는 넓고 광활하면서도 정밀하고 세세한 곳을 놓치지 않는다.

지극히 높고 밝으면서도 (평범한) 중용의 길을 간다.

옛것을 깊이 보듬고 새 길을 열어 간다.

인품을 도탑고 독실하게 가꾸면서 예를 존중한다.

07

그래서 윗자리에 있으면서도 교만하지 않고

아래 자리에 있으면 윗사람과 어긋나지 않는다.

나라에 도가 있으면 바른말로 나라를 더 발전시키고,

도가 없으면 침묵으로 세상을 받아들인다.

'지혜롭고 지혜로워서,

(하늘이 주신) 몸을 잘 지키시네'라는 시가 있는데

앞서 말하는 바를 노래한 것이다.

第二十八章

01

子曰 愚而好自用

賤而好自專

生乎今之世 反古之道

如此者 災及其身者也

자왈 우이호자용

천이호자전

생호금지세 반고지도

여차자 재급기신자야

제28장

01

공자께서 말씀하셨다. "아둔하면서 고집이 세고,
직위가 낮으면서 멋대로 하며,
요즘 사람이면서 옛것만 고집한 이들이 있다.
이런 자들은 재앙을 피할 수 없다.

02

非天子 不議禮	비천자 불의례
不制度	부제도
不考文	불고문

03

今天下 車同軌	금천하 거동궤
書同文	서동문
行同倫	행동륜

02

천자가 아니라면 예를 만들거나,

도량형을 정리하거나,

문자를 고쳐서는 안 된다.

03

지금 세상은 수레바퀴 규격이 같고

같은 문자를 쓰면

행동이 (신분에 따라) 질서가 잡혀 있다.

04

雖有其位 苟無其德	수유기위 구무기덕
不敢作禮樂焉	불감작례악언
雖要其德 苟無其位	수유기덕 구무기위
亦不敢作禮樂焉	역불감작례악언

05

子曰 吾說夏禮	자왈 오설하례
杞不足徵也	기부족징야
吾學殷禮	오학은례
有宋存焉	유송존언
吾學周禮 今用之	오학주례 금용지
吾從周	오종주

04

(천자의) 자리에 있더라도 덕이 없으면

예악을 제정해서는 안 되고,

덕이 있더라도 마땅한 자리에 있지 않으면

예악을 제정해서는 안 된다."

05

공자께서 말씀하셨다. "하나라의 예법에 관해서 말할 수 있으나,

(하나라의 후손) 기나라에 내 말을 증명할 것이 많이 남아 있지 않아

함부로 말을 하지 못하겠다.

은나라 예법을 배웠지만

(후손인) 송나라에 남아 있는 것이 많지 않다.

주나라 예법을 배웠고 이 시대에도 많이 사용한다.

나는 주나라를 따르고자 한다."

第二十九章

01

王天下有三重焉

其寡過矣乎

왕천하유삼중언

기과과의호

02

上焉者 雖善無徵

無徵不信

不信民弗從

下焉者 雖善不尊

不尊不信

不信民弗從

상언자 수선무징

무징불신

불신민부종

하언자 수선부존

부존불신

불신민부종

제29장

01

"천하를 다스리는데 중요한 것이 세 가지가 있다.

이를 지키면 허물이 줄어들 것이다.

02

옛날에 좋은 제도가 많았다고 하지만,

증거가 충분하지 않다.

증거가 충분하지 않으면 믿을 수 없다.

믿을 수 없다면 백성이 따르지 않는다.

최근에도 좋은 제도가 많지만, 권위가 서지 않는다.

권위가 서지 않으면 신뢰할 수 없다.

신뢰할 수 없으면 백성은 따르지 않는다.

03

故君子之道 本諸身　　　　고군자지도 본저신

徵諸庶民　　　　　　　　　징저서민

考諸三王而不謬　　　　　　고저삼왕이불류

建諸天地而不悖　　　　　　건저천지이불패

質諸鬼神而無疑　　　　　　질저귀신이무의

百世以俟聖人而不惑　　　　백세이사성인이불혹

04

質諸鬼神而無疑　　　　　　질저귀신이무의

知天也　　　　　　　　　　지천야

百世以俟聖人而不惑　　　　백세이사성인이불혹

知人也　　　　　　　　　　지인야

03

하여, 군자의 치도란 우선 수신에 근본을 두고
뭇 백성들에게 보여주고 인정을 받아야 한다.
옛 하, 은, 주의 제도와 비교해서
오류가 없는지 살펴보아야 하고,
대자연의 법칙과 어긋나지 말아야 한다.
또 귀신에게 물어 의심나는 것이 없어야 하며,
백 세대 뒤 성인이 판단해도 문제가 없어야 한다.

04

귀신에게 물어 틀리지 않는 것을
하늘을 아는 것이라고 하고,
백 세대 뒤 성인이 판단해도 문제가 없는 것을
사람을 아는 것이라고 한다.

05

是故 君子動而世爲天下道　　시고 군자동이세위천하도

行而世爲天下法　　행이세위천하법

言而世爲天下則　　언이세위천하칙

遠之則有望　　원지즉유망

近之則不厭　　근지즉불염

06

詩曰 在彼無惡 在此無射　　시왈 재피무악 재차무역

庶幾夙夜 以永終譽　　서기숙야 이영종예

君子未有不如此　　군자미유불여차

而蚤有譽於天下者也　　이조유예어천하자야

05

그래서 군자가 걷는 길은 세세토록 하늘 아래 길이 되며,

군자가 실천하면 하늘 아래 법칙이 되며,

말씀하시면 하늘 아래 표준이 된다.

멀리 있으면 그립고,

가까이 있어도 물리지 않는다.

06

'저기에 있어도 밉지 않고, 여기 있어도 싫지 않네.

하루종일 열심히 일하시네. 자손 대대로 영화를 누리리라!'

군자가 이렇게 처신하지 않고

천하에서 칭찬받은 적이 없다."

第三十章

01

仲尼祖述堯舜　　　　　　　중니조술요순

憲章文武　　　　　　　　　헌장문무

上律天時　　　　　　　　　상률천시

下襲水土　　　　　　　　　하습수토

02

譬如天地之無不持載　　　　비여천지지무불지재

無不覆幬　　　　　　　　　무불부도

譬如四時之錯行　　　　　　비여사시지착행

如日月之代明　　　　　　　여일월지대명

제30장

01

중니께서는 요임금과 순임금을 훌륭한 조상으로 모시고
공적을 세상에 전하였고, 문왕과 무왕을 본보기로 삼으시고
업적을 크게 알려지도록 했다.
위로는 하늘의 때를 따르고,
아래로는 물과 흙의 덕성을 배우셨다.

02

중니께서는 마치 하늘이 만물을 덮고
땅이 만물을 싣는 것 같으셨고,
또 사계절이 순환하고,
해와 달이 번갈아 밝은 것과 같으셨다.

03

萬物竝育而不相害　　　만물병육이불상해

道竝行而不相悖　　　　도병행이불상패

小德川流　　　　　　　소덕천류

大德敦化　　　　　　　대덕돈화

此天地之所以爲大也　　차천지지소이위대야

03

만물을 나란히 성장하지만 서로 해치지 않고,

도가 나란히 흐르지만 서로 엇갈리지 않는다.

작은 덕은 냇물처럼 흐르고,

큰 덕은 우주의 생성을 더욱 도탑게 한다.

그래서 천지가 위대하고 광활한 것이다."

第三十一章

01

唯天下至聖

爲能聰明睿知 足以有臨也

寬裕溫柔 足以有容也

發强剛毅 足以有執也

齊莊中正 足以有敬也

文理密察 足以有別也

유천하지성

위능총명예지 족이유임야

관유온유 족이유용야

발강강의 족이유집야

재장중정 족이유경야

문리밀찰 족이유별야

제31장

"하늘 아래에서 지극한 성인만이

총명과 예지로 백성을 대할 수 있고,

너그럽고 관대하게

따뜻하고 부드럽게 백성을 포용할 수 있고,

적극적이고 힘이 넘치면서 확실하고 한결같이

법을 집행할 수 있다.

(제사를 모시듯) 조심하고 위엄을 갖추고

공평하고 공정하게 하시니 백성들이 공경하고,

문장과 이치에 밝고 치밀하고 통찰력도 뛰어나시니

(다른 사람이 따를 수 없을 만큼) 탁월하시다.

02

溥博淵泉   부박연천

而時出也   이시출야

03

溥博如天 淵泉如淵   부박여천 연천여연

見而民莫不敬   현이민막불경

言而民莫不信   언이민막불신

行而民莫不說   행이민막불열

02

(성인은) 넓고 깊은 연못처럼

때에 맞게 세상에 덕을 베푸신다.

03

넓기는 하늘 같고 깊기는 연못 같아

(그 깊고 넓은 덕을) 백성이 보면 공경하지 않을 수 없고,

말씀하시면 백성이 믿지 않을 수가 없으며,

실천하시면 백성들이 모두 좋아할 수밖에 없다.

是以聲名洋溢乎中國 施及蠻貊   시이성명양일호중국 이급만맥

舟車所至 人力所通   주거소지 인력소통

天之所覆 地之所載   천지소부 지지소재

日月所照, 霜露所隊   일월소조 상로소추

凡有血氣者 莫不尊親   범유혈기자 막불존친

故曰配天   고왈배천

04

그래서 명성이 중원 전체에 자자하고 오랑캐 땅까지 퍼졌다.

수레와 배가 가는 곳, 사람이 왕래하는 곳,

하늘 아래, 땅 위에,

해와 달이 비추고 서리가 내리는 곳에서

혈기가 있는 것이라면 모두 존경하고 친히 여긴다,

그래서 (성인을 두고) 하늘과 짝한다고 한다."

第三十二章

01

唯天下至誠	유천하지성
爲能經綸天下之大經	위능경륜천하지대경
立天下之大本	입천하지대본
知天地之化育	지천지지화육
夫焉有所倚	부언유소의

제32장

하늘 아래에서 지극히 성실하고 진실한 분만이

천하를 큰 법칙으로 다스리고,

천하에 큰 근본을 세우고,

우주의 생성과 성장을 알 수 있다.

02

肫肫其仁　　　　　　　　　　준준기인

淵淵其淵　　　　　　　　　　연연기연

浩浩其天　　　　　　　　　　호호기천

03

苟不固聰明聖知達天德者　　　구불고총명성지달천덕자

其孰能知之　　　　　　　　　기숙능지지

진실하고 성실하여 사람다움 그 자체이며,

넓고 넓어 연못 그 자체이며,

넓고 넓어 하늘 그 자체 같으시다.

진실로 총명하고 성스러운 지혜를 갖추면서

하늘의 덕을 실천한 사람이 아니라면

어떻게 이것을 알겠는가?(성인만이 성인을 알아볼 수 있다.)

第三十三章

01

詩曰 衣錦尙絅

惡其文之著也

故君子之道 闇然而日章

小人之道 的然而日亡

君子之道 淡而不厭

簡而文

溫而理

知遠之近

知風之自

知微之顯

可與入德矣

시왈 의금상경

오기문지저야

고군자지도 암연이일장

소인지도 적연이일망

군자지도 담이불염

간이문

온이리

지원지근

지풍지자

지미지현

가여입덕의

제33장

'비단옷을 입고 홑옷을 덧입네'라는 시가 있는데,

이는 좋은 것이 너무 드러나는 것을 싫어한다는 뜻이다.

군자는 어두운 듯하지만 나날이 빛나고

소인의 도는 빛나는 듯하지만 나날이 사라진다.

군자의 도는 담박하지만 물리지 않고,

간략하지만 형식을 다 갖추었고,

부드럽지만 (날카로운) 논리가 타당하다.

먼 곳을 가려면 가까운 곳에서 시작해야 함을 알고,

바람이 어디서 오는지 알고,

은미한 것이 잘 드러난다는 것을 안다면

같이 덕의 길로 들어갈 수 있다.

02

詩云 潛雖伏矣　　　　시운 잠수복의

亦孔之昭　　　　　　역공지소

故君子內省不疚　　　고군자내성불구

無惡於志　　　　　　무오어지

君子之所不可及者　　군자지소불가급자

其唯人之所不見乎　　기유인지소불견호

시에서 '물고기 깊은 바닥에 가라앉아 있지만,

(물이 맑아) 너무 잘 보이는구나!'라고 했다.

(이는 속을 숨길 수 없다는 뜻으로)

군자는 자신을 살펴 허물이 없어야 하고,

마음에 부끄러움이 없어야 한다.

군자의 이런 점을 사람들은 따라가지 못한다.

03

詩云 相在爾室　　　시운 상재이실

尚不愧于屋漏　　　상불괴우옥루

故君子不動而敬　　고군자부동이경

不言而信　　　　　불언이신

03

시에서 '네가 방에 있을 때 보니,

방구석에서도 하늘을 부끄러워 하지 않겠더라!'라 했는데,

(이는 옥루를 천하, 하늘로 해석한 것이다.)

하여 군자는 애써 움직이지 않더라도 사람들이 공경하고,

굳이 말하지 않더라도 사람들이 신뢰한다.

04

詩曰 奏假無言　　　　　　　시왈 주격무언

時靡有爭　　　　　　　　　　시미유쟁

是故君子不賞而民勸　　　　시고군자불상이민권

不怒而民威於鈇鉞　　　　　불노이민위어부월

05

詩曰 不顯惟德　　　　　　　시왈 불현유덕

百辟其刑之　　　　　　　　　백벽기형지

是故君子篤恭而天下平　　　시고군자독공이천하평

04

'제사 음악이 울리니 말없이 신이 강림하셨고,

다투지 않고 모두 제 일을 하네!'라는 시가 있다.

(군자가 직분은 다하면 백성은 임무를 스스로 다한다는 뜻이다)

하여 군자가 상을 내리지 않더라도 백성은 제 일을 다 하고,

군자가 노여워하지 않더라도

백성은 도끼보다 군자를 더 두려워한다.

05

시에서 노래했다. '(천자의 덕은) 드러나지 않지만,

뭇 제후들이 본받네!'

(이 노래의 뜻을 따라) 군자가 더욱 공손하고 더욱 충실하면

천하는 평화로워진다.

06

詩云 予懷明德　　　　　　시운 여회명덕

不大聲以色　　　　　　　부대성이색

子曰 聲色之於以化民 末也　자왈 성색지어이화민 말야

詩云 德猶如毛　　　　　　시운 덕유여모

毛猶有倫　　　　　　　　모유유륜

上天之載　　　　　　　　상천지재

無聲無臭 至矣　　　　　　무성무취 지의

시에서 '나는 밝은 덕을 사랑하고

음성과 표정을 대단하게 여기지 않네!'라고 했다.

공자께서 이를 두고 평가하셨다.

'음성과 표정으로 백성을 교화하고자 하는 것은

수준이 아주 낮다.'

또 다른 시가 있다. '덕은 깃털 같네!' 하지만 '털이라도 무게와 길

이가 다르다(어떤 덕을 베풀어지지만 그렇지 않은 것도 있다).'

'하늘이 하시는 일은 소리도 냄새도 없다.

진정 위대하도다!'

평심의 철학-『중용』

1. 『중용』은 '중용'이 흔들린 시대를 반영한 텍스트입니다. 원래 『예기』의 한 편이었던 『중용』의 탄생은 동아시아 역사에서 전국시대라는 난세를 배경으로 하고 있습니다. 난세에 사람들의 마음은 극도로 불안하고 극단으로 치닫습니다. 균형을 잡기가 버겁습니다. 사람이 살아가야 할 일상의 길을 굳건히 지켜가기가 힘들어집니다. 극단으로 치달을 때 사람은 일상이 아닌 비일상, 현실이 아닌 현실 너머의 세계에 매달리곤 합니다. 속도와 경쟁 속에 삶의 긴장도가 높아가는 우리 시대의 현실도 이와 크게 다르지 않은 듯합니다. 그래선지 일상과 세계를 평심하게 바라보는 눈길을 얻기란 쉽지 않습니다. 차분한 성찰을 멀리한 채 극단적인

말들을 내뱉고 조장하는 혐오의 발언들이 사람들의 삶을 좌지우지 하려 합니다.

2. 이런 시대에 우리는 왜 『중용』을 읽어야 하는가, 새삼 묻게 됩니다. 이는 『중용』에 '성', '도', '명', '효', '귀신' 등과 같은 동아시아 철학의 거의 모든 주제가 담겨 있기 때문만은 아닙니다. 주요 철학 개념을 알게 되는 것도 『중용』을 읽는 소득이겠지만, 이러한 철학 개념을 매개로 사람이 살아가야 할 '길'(道)이 멀리 있지 않고 가까이 있음을 깨닫게 되는 것이 『중용』을 읽는 더 큰 보람이라 할 수 있을 것입니다.

3. 일상(日用之間)은 언제나 상수와 변수가 교차하는 곳이고, 우리가 그 귀함을 의식하지 못한 채 살아가는 장입니다. 그래서 더더욱 중심을 잡고 살아가기가 어렵습니다. 『중용』은 바로 이러한 일상 속에 인간이 걸어가야 할 길이 있다고, 길은 멀리 있지 않다고 거듭 강조합니다. 그러기에 가장 작은 것 속에 가장 큰 것이 숨 쉬고 있고, 가장 큰 것 속에 가장 작은 것이 깃들어 있음을 일깨워줍니다. 『중용』은 인간과 세계를 일관하는 '길'을 향한 오랜 열망을 보여주면서 그 길이 세계 밖이 아니라 세계 안에 있음을 일러줍니다. 길이란 한 순간도 떨어질 수 없고, 길은 멀리 있지 않다고 합니다. 누구나 먹고 마시기는 하나 그 맛을 아는 이가 드물듯 길은 늘 일상 속에 있으나 일상을 소홀히 하고 살피지 않아 길을 알기가 어렵게 되었다고 합니다. 『중용』은 일상을 초월한 데

에 길이 있는 것이 아니라 일상 속에 길이 있음을 보여 줍니다.

4. 『중용』만큼 번역하기 어려운 고전도 드문 듯합니다. 『중용』 원문이 어려운 한자로 기록되어 어려운 것은 아닙니다. 『중용』은 평이하나 밀도 높은 언어로 구성된 텍스트입니다. 추상적인 언어를 온전히 풀어 옮기는 과정은 결코 쉬운 일이 아닙니다. 뜻만을 풀면 말이 어렵고, 말만을 다듬으면 뜻이 흐릿해지는 경우가 생겨나기 때문입니다. 윤지산의 『중용』은 원문의 맥락을 깊이 살펴 뜻과 말 사이의 접점을 모색한 궤적을 고스란히 담고 있습니다. '중용'의 뜻을 정갈한 한국어로 옮긴 윤지산의 『중용』은 팬데믹 시대를 살아가는 우리에게 삶의 중심과 균형을 잃지 않도록 이끄는 힘이 되어줄 것입니다.

2022년 원단, 둔촌동에서
임종수가 삼가 발문을 쓰다.
-성균관대학교 초빙교수

중용(中庸)
동양 고전 원문 읽기 시리즈 3

초판 1쇄 인쇄 2022년 3월 10일
초판 1쇄 발행 2022년 3월 23일

지은이 윤지산

펴낸이 신민식
만든이 신지원
디자인 여백커뮤니케이션
펴낸곳 도서출판 지식여행
출판등록 제 2010-000113호

주소 서울 마포구 토정로 222 한국출판콘텐츠 센터 419호
전화 02-332-1122
팩스 02-332-4111
이메일 theorigin1971@gamil.com
홈페이지 www.sirubooks.com
영업문의 휴먼스토리 070-4229-0621
인쇄 제본 한국학술정보

ISBN 978-89-6109-527-3(03150)
정가 15,000원